¿Qué es el ciclo del agua?

Trabajar en bucl

Ava Beasley

COMPUTER SCIENCE For the REAL World™

Rosen Classroom™

Publicado en 2018 por The Rosen Publishing Group, Inc. 29 East 21st Street, New York, NY 10010

Autor: Ava Beasley
Traductor: Alberto Jiménez
Directora editorial, español: Nathalie Beullens-Maoui
Editora, español: María Cristina Brusca, Editora, inglés: Caitie McAneney
Diseño del libro: Jennifer Ryder-Talbot

Todas las ilustraciones por Contentra Technologies

Library of Congress Cataloging-in-Publication Data

Names: Beasley, Ava.
Title: ¿Qué es el ciclo del agua?: Trabajar en bucles / Ava Beasley.
Description: New York : Rosen Classroom, 2018. | Series: Niños digitales: Superdotados con pensamiento computacional/ Computación científica en el mundo real | Includes glossary and index.
Identifiers: LCCN ISBN 9781538357026 (pbk.) | ISBN 9781538328651 (library bound) | ISBN 9781538357033 (6-pack) | ISBN 9781538357040 (ebook)
Subjects: LCSH: Hydrologic cycle--Juvenile literature. | Water--Juvenile literature.
Classification: LCC GB662.3 B43 2018 | DDC 551.48--dc23

Créditos fotográficos: Cover Muhamad hamizi sharif/Shutterstock.com; p. 4 Mykola Mazuryk/Shutterstock.com; p. 4 (diagram) Merkushev Vasiliy/Shutterstock.com; p. 4, 7, 8, 11, 12, 15, 16, 19, 20 (weather icons) A_KUDR/Shutterstock.com; p. 7 Ovchinnikova Irina/Shutterstock.com; p. 8 patjo/Shutterstock.com; p. 11 Dr Morley Read/Shutterstock.com; p. 12-13 dachnarong wangkeeree/Shutterstock.com; p. 15 Singkham/Shutterstock.com; p. 16 (main) Africa Studio/Shutterstock.com; p. 16 (hail) Suzanne Tucker/Shutterstock.com; p. 19 Sundry Photography/Shutterstock.com; p. 21 viktori-art/Shutterstock.com.

Fabricado en Estados Unidos de América

Información de cumplimiento CPSIA Lote #WS18RC: Si desea más información póngase en contacto con Rosen Publishing, New York, New York, teléf. 1-800-237-9932

Contenido

En este **diagrama** vemos que el agua sube del suelo al cielo y que desde allí vuelve a caer. Las flechas muestran cómo es el ciclo.

Agua por doquier

La Tierra es el único planeta del **sistema solar** que alberga vida, y eso se debe a que contiene agua. El agua, que cubre más del 70 % de su superficie, se mueve siguiendo un ciclo.

Un ciclo consiste en una **serie** de sucesos que ocurren una y otra vez, y en cada ciclo pasa lo mismo. En el ciclo del agua (o ciclo **hidrológico**), esta sube de la superficie al cielo y vuelve a caer, pasando por una serie de fases que la devuelven a su estado inicial. Por eso sabemos qué cambios sufrirá al pasar de una fase a otra. ¡Sigamos su ciclo!

Empezar el ciclo

¿Qué es el océano? Es la masa de agua más grande del mundo y alberga muchos tipos de peces y otros animales **marinos**. Los lagos, las lagunas, los ríos y los arroyos son otros ejemplos de masas de agua superficiales. El agua subterránea se encuentra en el terreno o debajo de él. El agua superficial y el agua subterránea son el punto de partida del ciclo hidrológico.

El agua existe en estado sólido, líquido y gaseoso. En esta parte del ciclo es líquida, ¡pero está a punto de sufrir un gran cambio!

Muchos creen que los cinco océanos que hay en la Tierra conforman en realidad uno solo.

Hay evaporación cuando el agua caliente se encuentra con aire frío. Esto ocurre en los lagos volcánicos ¡y en los baños calientes!

Convertirse en vapor

El agua en forma de gas se llama ***vapor de agua***. La transformación de un líquido en gas se denomina ***evaporación*** y suele ocurrir cuando la temperatura sube. A veces, el vapor se siente en el aire, y es cuando este parece más pesado. Esto se llama ***humedad***.

Presenciamos la evaporación al mirar un charco situado al sol, ya que con el tiempo el charco se seca; o si observamos que el rocío que estaba en las hojas por la mañana ya no existe por la tarde. Las diminutas gotitas de vapor de agua están flotando en el aire.

Las plantas transpiran

El vapor no solo procede de las masas de agua, también sale de las plantas. Estas toman agua del suelo mediante las raíces y, a través del tallo, la conducen hasta las hojas. Cada hoja tiene muchos **poros**, tan pequeños que no se ven. El agua sale por los poros y se transforma en vapor.

¿Cómo vemos si una planta transpira? Ponemos una bolsa de plástico transparente sobre una planta. Al cabo de un tiempo, veremos formarse en el interior del plástico las gotitas diminutas que pasaron a la **atmósfera**.

El vapor de agua flota sobre los árboles de esta selva tropical. En este tipo de selva hay muchos árboles que transpiran.

En las nubes

El vapor de agua flota en la atmósfera. Las corrientes de aire ascendentes lo llevan a lo alto, donde se convierte en gotas de agua diminutas. Esta transformación de gas a líquido se denomina condensación.

Si una nube es pequeña y blanca, sus gotas no pesan lo suficiente para caer.

Las nubes se forman por la unión de muchas gotitas de agua. Algunas nubes son ligeras y blancas; otras, pesadas y grises. El viento las lleva de un sitio a otro. No siempre que está nublado llueve, porque no todas las nubes producen lluvia. No obstante, si las gotas de agua llegan a pesar lo suficiente, caen a la tierra.

¿Qué es la precipitación?

Es el agua atmosférica que cae a la superficie. Esta es la siguiente fase del ciclo del agua. La precipitación cae en forma de lluvia si no hace mucho frío. Si las gotas son tan pequeñas que apenas se ven, se llama ***llovizna***. Si es abundante y repentina, se denomina ***aguacero***. Si es tan fuerte y persistente que causa inundaciones, la llamamos ***lluvia torrencial***.

Las precipitaciones devuelven el agua al terreno, para que las plantas la absorban; y también a las masas de agua, como arroyos y ríos. ¡El ciclo ya está completo!

Este brotecito necesita lluvia para crecer.

Las nevadas muy copiosas y las granizadas de granos muy grandes son **perjudiciales**.

Hielo y nieve

La lluvia no es el único tipo de precipitación. Si vivimos en una zona muy fría, veremos nieve. Nieva cuando el vapor de agua se congela y se convierte en diminutos cristales de hielo llamados ***copos***, cada uno con su propia estructura. Si el agua congelada cae en forma de copos menudos, la precipitación se llama ***cellisca***. Si cae en forma de granos, se denomina ***granizo***. ¡A veces, hay granos como pelotas de sóftbol! Estas precipitaciones tienen lugar cuando las corrientes de aire ascendentes llevan gotas de agua a zonas muy frías de la atmósfera.

Efectos de la precipitación

Cuando la precipitación llega al terreno, a menudo, lo empapa. La lluvia transforma el suelo seco y cuarteado en suelo fértil, donde las plantas crecen mejor.

El agua que la tierra no puede absorber forma charcas, se filtra por el terreno o discurre por él hasta alcanzar masas de agua, como los lagos y los ríos.

El agua de masas menores, como arroyos y riachuelos, sube de nivel y corre más deprisa. Si la nieve cae en grandes cantidades, se acumula en capas de pulgadas o incluso pies de espesor.

Este arroyo está más crecido y lodoso a causa de las fuertes lluvias.

Necesitamos agua

La vida no puede existir en un planeta sin agua. El ciclo del agua de la Tierra es crucial para que las plantas crezcan, los **hábitats** se mantengan y la gente y los animales se **hidraten**. Las zonas más lluviosas dependen de un suministro de agua constante. En los desiertos hay muy pocas precipitaciones.

El sapo depende del agua de su hábitat.

Cada fase del ciclo del agua es importante. Si no llueve lo suficiente, habrá **sequía**. Si no hay bastante agua subterránea, debido a la sequía, no habrá evaporación ni condensación durante largo tiempo.

Los ciclos naturales

En la naturaleza hay muchos ciclos. Cada día, la Luna cruza el cielo siguiendo una trayectoria; las estaciones cambian en la misma época del año; los animales atraviesan ciclos de vida en los que nacen, crecen y se reproducen. Podemos considerarlos como las rutinas de la naturaleza.

Los ciclos naturales nos ayudan a predecir lo que ocurrirá. Si hay nubes grandes y oscuras, lloverá; si llueve mucho, se formarán charcas y los arroyos crecerán; si el aire se calienta, el agua se evaporará. ¡Todo forma parte del ciclo!

Glosario

atmósfera: Mezcla de gases que rodea un planeta.

diagrama: Dibujo que muestra las relaciones entre las diferentes partes de un conjunto.

hábitat: Lugar que ocupa una especie animal o vegetal.

hidratar: Proporcionar agua a algo.

hidrológico: Relativo a la Hidrología (ciencia que estudia las aguas).

marino: Del mar o relativo a él.

perjudicial: Que ocasiona daño.

poro: Orificio, imperceptible a simple vista, de la superficie de los animales y vegetales.

sequía: Tiempo seco de larga duración.

serie: Conjunto de cosas relacionadas entre sí que se suceden unas a otras.

sistema solar: El Sol y los cuerpos celestes que giran a su alrededor, incluyendo los planetas con sus lunas.

Índice